MANIFESTO DOS ECONOMISTAS ATERRADOS

Actual Editora
Conjuntura Actual Editora, S.A.
Rua Luciano Cordeiro, n.º 123 - 1.º Esq.
1069-157 Lisboa
Portugal

Tel.: (+351) 21 3190243
Fax: (+351) 21 3190249
www.actualeditora.com

www.businesspublishersroundtable.com

Título original: *Manifeste des économistes atterrés. Crise et dette en Europe: 10 fausses évidences, 22 mesures en débat pour sortir de l'impasse.*

Copyright: © Philippe Askenazy, Thomas Coutrot, André Orléan e Henri Sterdynia
© Les Liens qui Libèrent, 2010

Edição: Actual Editora – Julho 2011
Todos os direitos para a publicação desta obra em Portugal reservados
por Conjuntura Actual Editora, S.A.

Tradução: Nuno Serra
Revisão: João Rodrigues
Design da capa: FBA
Paginação: MJA
Impressão: Papelmunde

Depósito legal: 325117/11

Biblioteca Nacional de Portugal – Catalogação na Publicação

MANIFESTO DOS ECONOMISTAS ATERRADOS

Manifesto dos economistas aterrados – crise e dívida na Europa : 10 falsas
evidências, 22 medidas para sair do impasse

ISBN 978-989-964-016-4

CDU: 338
336

Nenhuma parte deste livro pode ser utilizada ou reproduzida, no todo ou em parte, por qualquer processo mecânico, fotográfico, electrónico ou de gravação, ou qualquer outra forma copiada, para uso público ou privado (além do uso legal como breve citação em artigos e críticas) sem autorização prévia, por escrito, da Actual Editora.

Este livro não pode ser emprestado, revendido, alugado ou estar disponível em qualquer forma comercial que não seja o seu actual formato sem o consentimento da editora.

Vendas especiais:

Os livros da Actual Editora estão disponíveis com desconto para compras de maior volume por parte de empresas, associações, universidades e outras entidades interessadas. Edições especiais, incluindo capa personalizada, podem ser-nos encomendadas. Para mais informações, entre em contacto connosco.

MANIFESTO DOS ECONOMISTAS ATERRADOS

CRISE E DÍVIDA NA EUROPA
10 falsas evidências
22 medidas para sair do impasse

ACTUAL

PREFÁCIO

PARA LÁ DA ECONOMIA AUSTERITÁRIA

João Rodrigues e Nuno Serra [*]

> *[A]s ideias dos economistas e dos filósofos políticos, sejam elas certas ou erradas, têm um alcance mais poderoso do que habitualmente se pensa. De facto, o mundo é governando por elas, e pouco mais. Os homens práticos que se julgam livres de qualquer influência intelectual são habitualmente escravos de algum economista morto. Os desvairados que ocupam posições de autoridade, que ouvem vozes a pairar no ar, destilam os seus frenesis dos escritos deixados por algum*

---

[*] Respectivamente, Investigador e Doutorando no Centro de Estudos Sociais da Universidade de Coimbra. Co-autores do blogue de economia política *Ladrões de Bicicletas* (ladroesdebicicletas.blogspot.com).

> *escriba académico uns anos antes. Estou seguro de que se exagera extremamente as forças dos interesses adquiridos quando comparada com o gradual entranhamento das ideias.* [1]

TALVEZ JOHN MAYNARD KEYNES sobrestimasse o papel das ideias, mas a economia capitalista real, esse complexo sistema de regras que define quem é que pode apropriar-se dos benefícios e quem é que suporta os custos, não vem com uma folha de instruções. A história do capitalismo, nas suas diversas configurações é em certa medida, o resultado material do confronto entre ideias e perspectivas distintas. A resolução política de uma crise económica não é, por isso, unívoca nem evidente à partida, dependendo das interpretações que se tornam senso comum e que adquirem, desse modo, a capacidade de mobilizar os cidadãos e as opiniões públicas. Sim, a economia é política e deve estar, por esse motivo, sujeita ao debate e ao escrutínio

---

[1] John Maynard Keynes, *Teoria Geral do Emprego, do Juro e da Moeda*, Relógio D'Água, Lisboa, [1936] 2010, p. 364.

democráticos. Reconhecê-lo torna a análise dos problemas mais realista e as propostas de solução mais sensatas.

No início de Setembro de 2010, um conjunto de destacados economistas críticos franceses, organizados na Associação Francesa de Economia Política, decidiu enviar uma carta aos seus colegas que começava precisamente por traçar um diagnóstico sombrio da paisagem intelectual e política na Europa: a hegemonia das ideias neoliberais não fora posta em causa pela crise, estando os governos europeus e as instituições internacionais apostados em aplicar um conjunto de políticas de austeridade e de «reforma estrutural» que – tal como no passado – conduziriam ao aumento das desigualdades, do desemprego e da instabilidade económica. De seguida, a parte mais importante da missiva: o apelo à subscrição do «Manifesto dos Economistas Aterrados», onde em poucas páginas são desmontadas, de uma forma demolidora, as «falsas evidências» em que assenta o consenso neoliberal e, tão ou mais importante, são apresentadas alternativas de política económica, centradas por um lado no combate ao desemprego e às desigualdades e, por outro, na criação de uma economia europeia mais decente, porque baseada em mercados mais limitados, regulados e devidamente enquadrados por políticas públicas solidárias. A resposta foi entusiástica: milhares de subscrições do manifesto e cinquenta mil exemplares vendidos, comprovando que as ideias se tornam uma força material quando os cidadãos delas se apropriam e as transformam em convicção, rasgando a esperança de não estarmos condenados a um regime neoliberal, que sabota as fundações do contrato social e veda a possibilidade de escolhas democráticas. É esta economia austeritária que importa superar.

O leitor português tem hoje nas suas mãos este manifesto, que constitui um antídoto crítico face ao discurso prevalecente dos economistas convencionais no nosso país. Daqueles economistas que repetem até à exaustão – num debate que é quase sempre substituído por um coro disciplinado e uníssono – não haver alternativas à austeridade. Ou seja, que consideram ser inevitável a progressiva erosão dos serviços públicos e a redução das prestações sociais e dos salários, causa e consequência de um desemprego de massas duradouro, que constitui por sua vez um bom pretexto para reduzir direitos laborais. A chamada crise da dívida soberana, em particular nos países periféricos como Portugal, foi a oportunidade a que estes economistas se agarraram – com óbvio sucesso – para tentar fazer esquecer as verdadeiras causas da Grande Recessão, a qual só não se transformou numa Grande Depressão, como nos anos trinta, porque os Estados intervieram. Para lá dos estabilizadores automáticos (quebra das receitas fiscais mais do que aumento das despesas públicas, por exemplo, com subsídios de desemprego), a inevitável socialização das perdas dos bancos traduziu-se em muitos países num aumento dos défices públicos. Os mesmos mercados, não satisfeitos com a factura apresentada aos contribuintes pelos desvarios do sistema financeiro, depois de décadas de privatizações e de liberalização financeira, pediram um segundo pagamento, através do brutal aumento especulativo das taxas de juro da dívida pública. Paralelamente, qual Cavalo de Tróia, os ideólogos neoliberais não desperdiçaram esta oportunidade para relançar as agendas de reconfiguração mercantil do Estado e das políticas públicas, justamente no momento em que as consequências sociais de décadas de desregulação e financeirização da economia começavam a tornar-se cada vez mais indisfarçáveis.

Sair desta situação implica, assim, que se comece por abandonar um pensamento económico convencional que, mesmo no nosso país, tem sido, apesar de tudo, publicamente desafiado. Em final de Junho de 2009, um grupo de economistas e outros cientistas sociais portugueses publicou um manifesto pelo emprego, onde se concluía que o governo português deveria *«exigir uma resposta muito mais coordenada por parte da União Europeia e dar mostras de disponibilidade para participar no esforço colectivo. Isto vale tanto para as políticas destinadas a debelar a crise como para o esforço de regulação dos fluxos económicos que é imprescindível para que ela não se repita. Precisamos de mais Europa e menos passividade no combate à crise.»* [2] Infelizmente, a passividade europeia deu lugar à austeridade e a comunicação social tratou de assegurar o quase monopólio mediático dos economistas que a apoiam. Por isso mesmo, em Outubro de 2010, uma petição, subscrita por mais de mil cidadãos em menos de uma

---

[2] Disponível em http://ladroesdebicicletas.blogspot.com/2009/06/um-manifesto-com-prioridades.html.

semana, apelava ao pluralismo no debate político-económico: «*Por ignorância, preguiça, hábito, desconsideração deliberada ou manifesto servilismo, os canais televisivos têm sistematicamente tratado a análise da crise económica como se o intenso debate quanto aos fundamentos doutrinários e às opções políticas que estão em jogo pura e simplesmente não existisse.*» [3] Finalmente, em Novembro de 2010, um grupo de economistas nacionais apresentava a petição pública «Para uma Nova Economia», com muitas propostas convergentes com as do manifesto que agora se publica. [4]

Trata-se, em qualquer dos casos, de contestar o domínio de uma visão económica paroquial, que insiste em fingir que os problemas da economia portuguesa podem ser compreendidos e resolvidos sem considerar e alterar a trajectória da construção europeia que, depois da viragem neoliberal de Maastricht, assentou numa integração monetária e económico-financeira guiada pelas forças de

---

[3] Disponível em http://pluralismonodebate.blogspot.com/.

[4] Disponível em http://www.peticaopublica.com/?pi=NovaEco.

mercado e por instituições, como o Banco Central Europeu, que são a expressão do poder das ideias neoliberais. Neste processo, Portugal perdeu instrumentos de política económica, sem que mecanismos robustos de compensação tivessem sido criados à escala de uma União cujo orçamento residual, aliás, impossibilita a emissão de dívida pública europeia. Duas orientações que são, entre outras, exemplos claros das falhas na construção europeia, resultantes em larga medida da hegemonia de um conjunto de ideias económicas que se encontram bem assinaladas neste manifesto.

É o caso da hipótese dos mercados eficientes, segundo a qual os mercados financeiros liberalizados, povoados de agentes mecanicamente racionais que, transformando a incerteza em risco calculável, incorporam supostamente toda a informação disponível no preço dos activos. Uma hipótese que revela a teoria económica panglossiana em todo o seu esplendor: tudo correrá pelo melhor no melhor dos mundos. A especulação, ou melhor, a arbitragem, seria estabilizadora e a inovação financeira, por definição, benigna. As transformações institucionais que favoreceram o processo de financeirização das economias capitalistas avançadas inspira-se nesta hipótese, ou seja, no aumento da importância dos agentes, dos mercados e dos fundamentos financeiros. O domínio do capital que passou a circular sem entraves e o regime de política económica que lhe está associado à escala europeia têm gerado uma oscilação entre crises económicas e níveis de crescimento medíocre, como o presente manifesto bem assinala.

A centralidade do capital financeiro nas economias, e a sua crescente exigência, reconfiguraram as relações dentro da empresa: a aliança entre accionistas e gestores de topo para extrair bónus e dividendos fez-se à custa do esforço da esmagadora maioria dos trabalhadores, reduzidos a um mero custo a economizar. O que tem gerado, à escala europeia, uma quebra dos rendimentos do trabalho a favor dos rendimentos do capital, a par do aumento das desigualdades socioeconómicas, da redução do investimento gerador de capacidade produtiva adicional e de uma correspondente subida do desemprego. Os crescentes lucros têm sido precisamente apropriados, sob a forma de dividendos, pelos impacientes accionistas, com cada vez maior poder perante uma grande massa de trabalhadores cada vez mais desprotegida.

Temos também assistido, à escala europeia e mundial, a desequilíbrios insustentáveis na geoeconomia das relações internacionais: modelos nacionais assentes no endividamento (que, em alguns casos, compensou temporariamente os efeitos negativos da estagnação salarial e do investimento na procura, tendo como contrapartida modelos exportadores agressivos), assentes na compressão salarial permanente e cujos excedentes são reciclados, aliás mal reciclados, por mercados financeiros especializados em gerar bolhas financeiras que rebentam mais tarde ou mais cedo, sendo os seus custos socializados. O número de crises financeiras mais do que triplicou desde 1973, quando comparado com o período dos «trinta gloriosos anos» do pós-guerra, frequentemente apelidados de anos de «repressão financeira» pela teoria económica convencional devido ao peso da banca pública e dos controlos de capitais. As tradições económicas críticas, em que este manifesto se inspira, estão certas: as épocas do capitalismo em que os mercados financeiros liberalizados comandam o processo económico são indissociáveis da instabilidade e da crise.

Como sublinham os autores deste texto, o aumento da presença e do controlo públicos do crédito ou a taxação das transacções financeiras são hoje a melhor forma de começar a responder, no campo das propostas, a esta desastrosa hegemonia das ideias neoliberais. Só quebrando-a é que podemos voltar a pensar num regime de pleno emprego, tal como vigorou antes da instituição de um regime dominado pela finança de mercado. O manifesto avança com valiosas pistas europeístas para se caminhar neste sentido. [5]

Colocar os problemas da economia portuguesa no contexto de uma integração europeia disfuncional e de uma economia financeirizada é uma forma de indicar, à nossa escala, a urgência de abandonar o comportamento de «bom aluno» e de recusar, em aliança com os outros países periféricos, as imposições do sistema financeiro e do governo alemão e a política de austeridade que lhes está associada. As ideias contam, a política

---

[5] Estas propostas reflectem a riqueza do pensamento económico crítico actual. De facto, do marxismo ao keynesianismo, passando pelo institucionalismo, diversas correntes têm avançado com análises robustas sobre a evolução e a transformação do actual sistema económico, confluentes em muitos pontos, como este manifesto, aliás, bem ilustra.

conta e Portugal também tem voto nas instituições europeias. Uma auditoria à dívida pública do país seria um primeiro passo para saber quem detém os títulos nacionais e em que condições. Só assim se poderá saber quem está a ganhar com o processo de transferência de rendimentos das classes populares para o sistema financeiro. Portugal e os restantes países periféricos devem, pois, colocar a possibilidade de uma reestruturação da dívida por si organizada para forçar alterações europeias que superem as políticas de austeridade. A rebelião das periferias exige contudo uma rebelião intelectual prévia. E este manifesto pode, justamente, contribuir de modo significativo para a desencadear.

ASSOCIAÇÃO FRANCESA DE ECONOMIA POLÍTICA

MANIFESTO
DOS ECONOMISTAS
ATERRADOS

CRISE E DÍVIDA NA EUROPA:
10 falsas evidências,
22 medidas em debate para sair do impasse

Philippe Askenazy
(Centro Nacional da Investigação Científica)

Thomas Coutrot
(Conselho Científico da ATTAC)

André Orléan
(CNIC – Escola dos Altos Estudos Sociais; Presidente da AFEP)

Henri Sterdyniak
(Observatório Francês das Conjunturas Económicas)

INTRODUÇÃO

A RETOMA ECONÓMICA MUNDIAL, que se tornou possível graças a uma injecção colossal de fundos públicos no circuito económico (dos Estados Unidos à China), é frágil, mas real. Apenas um continente continua em retracção: a Europa. Reencontrar o caminho do crescimento económico deixou de ser a sua prioridade política. A Europa decidiu enveredar por outra via, a da luta contra os défices públicos.

Na União Europeia, estes défices são de facto elevados – 7% em média, em 2010 – mas muito inferiores aos 11% dos Estados Unidos. Enquanto alguns Estados norte-americanos, com um peso económico mais relevante do que a Grécia (como a Califórnia, por exemplo), se encontram numa situação de quase falência, os mercados financeiros decidiram especular com as dívidas soberanas de países europeus, particularmente países do Sul. A Europa vê-se, de facto, aprisionada na sua própria armadilha institucional: os Estados têm de pedir empréstimos a instituições financeiras privadas que obtêm liquidez, a baixo custo, no Banco Central Europeu (BCE). Por conseguinte, os mercados têm em seu poder a chave do financiamento dos Estados. Neste contexto, a ausência de solidariedade europeia incentiva a especulação, ao mesmo tempo que as agências de notação apostam no acentuar da desconfiança.

Foi necessário que a agência Moody's baixasse a notação da Grécia, a 15 de Junho de 2010, para que os dirigentes europeus redescobrissem o termo «irracionalidade», a que tanto recorreram no início da crise do *subprime*. Da mesma forma que agora se descobre que a Espanha está muito mais ameaçada pela fragilidade do seu modelo de crescimento e do seu sistema bancário do que pela sua dívida pública.

Para «tranquilizar os mercados» foi improvisado um Fundo de Estabilização do euro e lançados, por toda a Europa, planos drásticos – e em regra cegos – de redução das despesas públicas. As primeiras vítimas são os funcionários públicos, incluindo em França, onde o aumento dos seus descontos para a reforma corresponderá a uma redução escondida dos salários. O seu número diminui um pouco por toda a parte, pondo em causa os serviços públicos. Da Holanda a Portugal, passando pela França com a actual reforma das pensões, as prestações sociais estão em vias de ser severamente reduzidas. Nos próximos anos, o desemprego e a precariedade do emprego vão seguramente aumentar. Estas medidas são irresponsáveis de um ponto de vista político e social, mas também num plano estritamente económico.

Esta opção política, que apenas provisoriamente acalmou a especulação, tem já consequências extremamente negativas em muitos países europeus, afectando de modo particular os jovens, o mundo do trabalho e as pessoas em situação de maior fragilidade. A prazo, reactivará as tensões na Europa e ameaçará, portanto, a própria construção europeia, que é muito mais do que um projecto económico. Supõe-se que a economia esteja ao serviço da construção de um continente democrático, pacífico e unido. Mas, em vez disso, uma forma de ditadura dos mercados é hoje imposta por toda a parte, particularmente em Portugal, na

Espanha e na Grécia, três países que eram ditaduras no início da década de setenta, ou seja, há apenas quarenta anos.

Quer se interprete como um desejo de «tranquilizar os mercados», por parte de governantes assustados, quer como um pretexto para impor opções ideológicas, a submissão a esta ditadura não é aceitável, uma vez que já demonstrou a sua ineficácia económica e o seu potencial destrutivo nos planos político e social. Deve dar-se início a um verdadeiro debate democrático sobre as escolhas de política económica, em França e na Europa. A maior parte dos economistas que intervém no debate público fá-lo para justificar ou racionalizar a submissão das políticas às exigências dos mercados financeiros. É certo que, um pouco por toda a parte, os poderes públicos tiveram de improvisar planos keynesianos de relançamento da economia e, por vezes, chegaram até a nacionalizar temporariamente os bancos. Mas eles querem fechar este parêntese o mais rapidamente possível. A lógica neoliberal é sempre a única que se reconhece como legítima, apesar dos seus evidentes fracassos. Fundada na hipótese da eficiência dos mercados financeiros, preconiza a redução da despesa pública, a privatização dos serviços públicos, a flexibilização do mercado de trabalho, a liberalização do comércio, dos serviços financeiros e dos mercados de capital por forma a aumentar a concorrência em todos os domínios e em todos os lugares…

Como economistas, estamos aterrados por constatar que estas políticas continuam a estar na ordem do dia e que os seus fundamentos teóricos não são postos em causa, mesmo quando, ao longo dos últimos trinta anos, os factos trataram de rebater os argumentos utilizados para orientar as opções das políticas económicas europeias. A crise pôs a nu o carácter dogmático e infundado da maioria das supostas evidências, repetidas até à saciedade por aqueles que decidem e pelos seus conselheiros. Quer se trate da eficiência e da racionalidade dos mercados financeiros, da necessidade de cortar nas despesas para reduzir a dívida pública, quer se trate de reforçar o «Pacto de Estabilidade», é imperioso questionar estas falsas evidências e mostrar a pluralidade de opções disponíveis em matéria de política económica. Outras escolhas são possíveis e desejáveis, com a condição de libertar, desde já, o garrote imposto pela indústria financeira às políticas públicas.

Procedemos de seguida a uma apresentação crítica de dez postulados que continuam a inspirar, dia após dia, as decisões dos poderes públicos por toda a Europa, apesar dos lancinantes desmentidos que a crise financeira e as suas consequências nos revelam. Trata-se de falsas evidências, que originam medidas injustas e ineficazes, perante as quais apresentamos vinte e duas contrapropostas para debate. Cada uma delas não reúne necessariamente a concordância unânime dos signatários deste manifesto, mas deverão ser levadas a sério, caso se pretenda resgatar a Europa do impasse em que se encontra.

FALSA EVIDÊNCIA N.º 1

OS MERCADOS FINANCEIROS SÃO EFICIENTES

EXISTE HOJE UM FACTO que se impõe a todos os observadores: o papel primordial que os mercados financeiros desempenham no funcionamento da economia, resultante de uma longa evolução que teve início nos finais da década de setenta. Independentemente da forma como o possamos medir, este processo evolutivo assinala uma clara ruptura, tanto quantitativa como qualitativa, em relação às décadas precedentes. Sob a pressão dos mercados financeiros, a regulação do capitalismo transformou-se profundamente, dando origem a uma forma inédita de capitalismo, que alguns designaram por «capitalismo patrimonial», por «capitalismo financeiro» ou, ainda, por «capitalismo neoliberal».

Estas mudanças encontraram na hipótese da eficiência informacional dos mercados financeiros a sua justificação teórica. Com efeito, segundo esta hipótese, torna-se crucial desenvolver os mercados financeiros e fazer com que eles possam funcionar o mais livremente possível, dado constituírem o único mecanismo de afectação eficaz do capital. As políticas que foram obstinadamente levadas a cabo nos últimos trinta anos seguem esta recomendação. Tratou-se de construir um mercado financeiro mundialmente integrado, no qual todos os actores (empresas, famílias, Estados, instituições financeiras) podem transaccionar toda a espécie de títulos (acções, obrigações, dívidas, derivados, divisas), em qualquer prazo (longo, médio e curto). Os mercados financeiros tornaram-se cada vez mais próximos da ideia de mercado «sem fricção» de que falam os manuais: o discurso económico conseguiu criar a realidade. Como os mercados se tornaram cada vez mais «perfeitos», no sentido da teoria económica dominante, os analistas acreditaram que o sistema financeiro passaria a ser muito mais estável que no passado. A «grande moderação» – o período de crescimento económico sem subida dos salários que os Estados Unidos conheceram entre 1990 e 2007 – parecia confirmá-lo.

O G20 insiste ainda hoje na ideia de que os mercados financeiros constituem o melhor mecanismo de afectação do capital. A primazia e integridade dos mercados financeiros continuam, por isso, a ser os objectivos finais da nova regulação financeira. A crise é interpretada não como o resultado inevitável da lógica dos mercados desregulados, mas sim como um efeito da desonestidade e irresponsabilidade de certos actores financeiros, mal vigiados pelos poderes públicos.

A crise, porém, encarregou-se de demonstrar que os mercados não são eficientes e que não asseguram uma afectação eficaz do capital. As consequências deste facto em matéria de regulação e de política económica são imensas. A teoria da eficiência assenta na ideia de que os investidores procuram (e encontram) a informação mais fiável possível quanto ao valor dos projectos que concorrem entre si por financiamento. Segundo esta teoria, o preço que se forma num mercado reflecte a avaliação dos investidores e sintetiza o conjunto da informação disponível:

constitui, portanto, uma boa estimativa do verdadeiro valor dos activos. Ou seja, supõe-se que esse valor resume toda a informação necessária para orientar a actividade económica e, desse modo, a vida social. O capital é, assim, investido nos projectos mais rentáveis, deixando de lado os projectos menos atractivos. Esta é a ideia central da teoria: a concorrência financeira estabelece preços justos, que constituem sinais fiáveis para os investidores, orientando eficazmente o desenvolvimento económico.

Mas a crise veio precisamente confirmar o resultado de diversos trabalhos críticos que puseram esta tese em causa. A concorrência financeira não estabelece, necessariamente, preços justos. Pior: a concorrência financeira é muitas vezes destabilizadora e conduz a evoluções de preços excessivas e irracionais, as chamadas bolhas financeiras.

O principal erro da teoria da eficiência dos mercados financeiros consiste em transpor, para os produtos financeiros, a teoria usualmente aplicada aos mercados de bens correntes. Nestes, a concorrência é em parte auto-regulada, em virtude do que se chama a «lei» da oferta e da procura:

quando o preço de um bem aumenta, os produtores aumentam a sua oferta e os compradores reduzem a procura; o preço baixa e regressa, portanto, ao seu nível de equilíbrio. Por outras palavras, quando o preço de um bem aumenta, existem forças de retracção que tendem a inverter essa subida. A concorrência produz aquilo a que se chama *«feedbacks* negativos»*, ou seja, forças de retracção que vão em sentido contrário ao da dinâmica inicial. A ideia da eficiência nasce de uma transposição directa deste mecanismo para os mercados financeiros.

Mas, nestes últimos, a situação é muito diferente. Quando o preço aumenta é frequente constatar não uma descida mas um aumento da procura! De facto, a subida de preço significa uma rendibilidade maior para aqueles que possuem um título, em virtude das mais-valias realizadas. A subida de preço atrai, portanto, novos compradores, o que reforça ainda mais a subida inicial. As promessas de bónus incentivam os que efectuam as transacções a ampliar ainda mais o movimento. Até ao incidente, imprevisível mas inevitável, que provoca a inversão das expectativas e o colapso. Este fenómeno, digno dos «carneiros de Panurge» [1], é um processo de *feedbacks* positivos» que agrava os desequilíbrios. É a bolha especulativa: uma subida cumulativa dos preços que se alimenta a si própria. Ora, deste tipo de processo não resultam preços justos mas, pelo contrário, preços inadequados.

O lugar preponderante que os mercados financeiros ocupam actualmente não pode, portanto, conduzir a eficácia alguma. Mais do que isso, é uma fonte permanente de instabilidade, como indica de forma clara a série ininterrupta de bolhas que conhecemos desde há vinte anos: Japão, Sudeste Asiático, *Internet*, mercados emergentes, sector imobiliário, titularização. A instabilidade financeira traduz-se em fortes flutuações das taxas de câmbio e da Bolsa, que manifestamente não têm qualquer relação com os fundamentos da economia. Esta instabilidade, nascida no sector

---

[1] Alusão a uma personagem, Panurge, da obra *Pantagruel* de François Rabelais. Panurge compra um carneiro que logo a seguir atira ao mar. Os outros carneiros, ouvindo os seus latidos, atiram-se também ao mar. Panurge pretendia vingar-se do comerciante que lhe havia vendido o carneiro. Desde então, a expressão «carneiros de Panurge» é usada para designar todos os que seguem acriticamente uma tendência ou movimento. (*N. T.*)

financeiro, propaga-se a toda a economia real através de múltiplos mecanismos.

Para reduzir a ineficiência e instabilidade dos mercados financeiros sugerimos quatro medidas:

Medida n.º 1: Limitar, estritamente, os mercados financeiros e as actividades dos actores financeiros, proibindo os bancos de especular por conta própria, assim evitando a propagação das bolhas e dos colapsos financeiros;

Medida n.º 2: Reduzir a liquidez e a especulação destabilizadora através de controlos dos movimentos de capitais e de taxas sobre as transacções financeiras;

Medida n.º 3: Limitar as transacções financeiras às necessidades da economia real (por exemplo, CDS [2] unicamente para quem possua títulos segurados, etc.);

---

[2] Acrónimo de *Credit Default Swaps*, instrumentos financeiros derivados, criados para permitir ao seu comprador proteger-se do risco de incumprimento de um determinado título de crédito. A utilização desregulada dos CDS parece ter facilitado a especulação e o aumento do risco. (*N. T.*)

Medida n.º 4: Estabelecer tectos para as remunerações dos operadores nos mercados financeiros.

FALSA EVIDÊNCIA N.º 2

OS MERCADOS FINANCEIROS FAVORECEM O CRESCIMENTO ECONÓMICO

A INTEGRAÇÃO FINANCEIRA conduziu o poder da finança ao seu zénite, na medida em que unifica e centraliza a propriedade capitalista à escala mundial. Daí em diante, é ela que determina as normas de rendibilidade exigidas ao conjunto dos capitais. O projecto consistia em substituir o financiamento bancário dos investimentos pelo financiamento através dos mercados de capitais. Projecto que fracassou, porque hoje, globalmente, são as empresas que financiam os accionistas, em vez de suceder o contrário. A governação das empresas, contudo, transformou-se profundamente para atingir as normas de rendibilidade exigidas pelos mercados.

Com o aumento do poder dos accionistas, impôs-se uma nova concepção de empresa e da sua gestão, pensadas como estando ao serviço exclusivo da criação de valor para o accionista. E desapareceu assim a ideia de um interesse comum inerente às diferentes partes vinculadas à empresa. Os dirigentes das empresas cotadas em Bolsa passaram a ter como missão primordial satisfazer o desejo de enriquecimento dos accionistas. Por isso, eles deixaram de ser assalariados, como demonstra o aumento galopante das suas remunerações. De acordo com a teoria da «agência», trata-se de proceder de modo a que os interesses dos dirigentes estejam alinhados com os interesses dos accionistas.

Um ROE (*Return on Equity* ou rendimento dos capitais próprios) de 15% a 25% passa a constituir a norma que traduz a imposição do poder da finança às empresas e aos assalariados, sendo a liquidez, doravante, o seu instrumento, permitindo aos capitais não satisfeitos – a qualquer momento – procurar rendimentos noutro lugar. Face a este poder, tanto os assalariados como a soberania política ficam, pelo seu fraccionamento, em condição de inferioridade. Esta situação desequilibrada conduz a exigências de lucros irrazoáveis, na medida em que reprimem o crescimento económico e conduzem a um aumento contínuo das desigualdades salariais. Por um lado, as exigências de lucro inibem fortemente o investimento: quanto mais elevada for a rendibilidade exigida, mais difícil se torna encontrar projectos com um desempenho suficientemente atractivo para a satisfazer. As taxas de investimento fixam-se, por isso, em níveis historicamente débeis, na Europa e nos Estados Unidos. Por outro lado, estas exigências provocam uma constante pressão para a redução dos salários e do poder de compra, o que não favorece a procura. A desaceleração simultânea do investimento e do consumo conduz a um crescimento débil e a um desemprego endémico. Nos países anglo-saxónicos, esta tendência foi contrariada através do aumento do endividamento das famílias e das bolhas financeiras, que geram uma riqueza fictícia, permitindo um crescimento do consumo sem salários, mas que desembocam no colapso.

Para superar os efeitos negativos que os mercados financeiros exercem sobre a actividade económica, colocamos à discussão três medidas:

Medida n.º 5: Reforçar significativamente os contra-poderes nas empresas, de modo a obrigar os dirigentes a ter em conta os interesses do conjunto das partes envolvidas;

Medida n.º 6: Aumentar fortemente os impostos sobre salários muito elevados, de modo a dissuadir a corrida a rendimentos insustentáveis;

Medida n.º 7: Reduzir a dependência das empresas em relação aos mercados financeiros, incrementando uma política pública de crédito (com taxas preferenciais para as actividades prioritárias no plano social e ambiental).

FALSA EVIDÊNCIA N.º 3

OS MERCADOS SÃO BONS JUÍZES DO GRAU DE SOLVÊNCIA DOS ESTADOS

SEGUNDO OS DEFENSORES da eficiência dos mercados financeiros, os operadores de mercado têm em conta a situação objectiva das finanças públicas para avaliar o risco de subscrever um empréstimo ao Estado. Vejamos o exemplo da dívida grega: os operadores financeiros, e todos quantos tomam as decisões, recorreram unicamente às avaliações financeiras para analisar a situação. Assim, quando a taxa exigida à Grécia ascendeu a mais de 10%, cada um deduziu que o risco de incumprimento de pagamento estaria próximo: se os investidores exigem tamanho prémio de risco é porque o perigo é extremo.

Mas há nisto um profundo erro, quando percebemos a verdadeira natureza das avaliações feitas pelos mercados financeiros. Não sendo estes eficientes, o mais provável é que apresentem preços completamente desligados dos fundamentos económicos. Nestas condições, torna-se insensato entregar a análise de uma dada situação unicamente às avaliações financeiras. Atribuir um valor a um título financeiro não é uma operação comparável a medir uma grandeza objectiva, como por exemplo calcular o peso de um objecto. Um título financeiro é um direito sobre rendimentos futuros: para o avaliar é necessário prever o que será o futuro. É uma questão de valoração, não uma tarefa objectiva, porque, no instante t, o futuro não se encontra de nenhum modo predeterminado. Nas salas de mercado, as coisas são o que os operadores imaginam que venham a ser. O preço de um activo financeiro resulta de uma avaliação, de uma crença, de uma aposta no futuro: nada assegura que a avaliação dos mercados tenha alguma espécie de superioridade sobre outras formas de avaliação.

A avaliação financeira não é, sobretudo, neutra: ela afecta o objecto que mede, compromete e constrói um futuro que imagina. Deste modo, as agências de notação financeira contribuem largamente para determinar as taxas de juro nos mercados obrigacionistas, atribuindo classificações carregadas de subjectividade, contaminadas pela vontade de alimentar a instabilidade, fonte de lucros especulativos. Quando baixam a notação de um Estado, estas agências aumentam a taxa de juro exigida pelos actores financeiros para adquirir os títulos da dívida pública desse Estado, ampliando assim o risco de incumprimento que elas mesmas tinham anunciado.

Para reduzir a influência da psicologia dos mercados no financiamento dos Estados, colocamos em debate duas medidas:

Medida n.º 8: As agências de notação financeira não devem estar autorizadas a influenciar, de forma arbitrária, as taxas de juro dos mercados de dívida pública, baixando a notação de um Estado: a sua actividade deve ser regulamentada, exigindo-se que essa classificação resulte de um cálculo económico transparente;

Medida n.º 8 (b): Libertar os Estados da ameaça dos mercados financeiros, garantindo a compra de títulos de dívida pública pelo BCE.

FALSA EVIDÊNCIA N.º 4

A SUBIDA ESPECTACULAR DAS DÍVIDAS PÚBLICAS É RESULTADO DE UM EXCESSO DE DESPESAS

MICHEL PÉBEREAU, um dos «padrinhos» da banca francesa, descrevia em 2005, num dos seus relatórios oficiais *ad hoc*, uma França asfixiada pela dívida pública e que sacrificava as gerações futuras ao comprometer-se com gastos sociais irreflectidos. O Estado endividava-se como um pai de família alcoólico, que bebe acima das suas posses: é esta a visão que a maioria dos editorialistas costuma propagar. A explosão recente da dívida pública na Europa e no mundo deve-se, porém, a outra coisa: aos planos de salvamento do sector financeiro e, sobretudo, à recessão provocada pela crise bancária e financeira que começou em 2008: o défice público médio na Zona Euro era apenas de 0,6% do PIB em 2007, mas a crise fez com que passasse para 7%, em 2010. Ao mesmo tempo, a dívida pública passou de 66% para 84% do PIB.

O aumento da dívida pública, contudo, tanto em França como em muitos outros países europeus, foi inicialmente moderado e antecedeu esta recessão: provém, em larga medida, não de uma tendência para a subida das despesas públicas – dado que, pelo contrário, desde o início da década de noventa estas se encontravam estáveis ou em declínio na União Europeia, em proporção do PIB – mas sim da quebra das receitas públicas, decorrente da debilidade do crescimento económico nesse período e da contra-revolução fiscal que a maioria dos governos levou a cabo nos últimos vinte e cinco anos. A longo prazo, a contra-revolução fiscal alimentou continuamente a dilatação da dívida, de recessão em recessão. Em França, um recente estudo parlamentar situa em 100 mil milhões de euros, em 2010, o custo das descidas de impostos, aprovadas entre 2000 e 2010, sem que neste valor estejam sequer incluídas as exonerações relativas a contribuições para a segurança social (30 mil milhões) e outros «encargos fiscais». Perante a ausência de uma harmonização fiscal, os Estados europeus dedicaram-se livremente à concorrência fiscal, baixando os impostos sobre as empresas, os salários mais elevados e o património. Mesmo que o peso relativo dos factores determinantes varie de país para país, a subida quase generalizada dos défices públicos e dos rácios de dívida pública na Europa ao longo dos últimos trinta anos não resulta fundamentalmente de uma deriva danosa das despesas públicas. Um diagnóstico que abre, evidentemente, outras pistas para além da eterna exigência de redução da despesa pública.

Para instaurar um debate público informado acerca da origem da dívida e dos meios de a superar, colocamos em debate uma proposta:

Medida n.º 9: Efectuar uma auditoria pública das dívidas soberanas, de modo a determinar a sua origem e a conhecer a identidade dos principais detentores de títulos de dívida e os respectivos montantes que possuem.

FALSA EVIDÊNCIA N.º 5

É PRECISO REDUZIR AS DESPESAS PARA DIMINUIR A DÍVIDA PÚBLICA

MESMO QUE O AUMENTO da dívida pública tivesse resultado, em parte, de um aumento das despesas públicas, o corte destas despesas não contribuiria necessariamente para a solução, porque a dinâmica da dívida pública não tem muito que ver com a de uma casa: a macroeconomia não é redutível à economia doméstica. A dinâmica da dívida depende de vários factores: do nível dos défices primários, mas também da diferença entre a taxa de juro e a taxa de crescimento nominal da economia.

Ora, se o crescimento da economia for mais débil do que a taxa de juro, a dívida cresce mecanicamente devido ao «efeito de bola de neve»:

o montante dos juros dispara, o mesmo sucedendo com o défice total (que inclui os juros da dívida). Foi assim que, no início da década de noventa, a política do franco forte levada a cabo por Bérégovoy [3] – e que se manteve apesar da recessão de 1993/94 – se traduziu numa taxa de juro durante muito tempo mais elevada do que a taxa de crescimento, o que explica a subida abrupta da dívida pública em França neste período. Trata-se do mesmo mecanismo que permite compreender o aumento da dívida durante a primeira metade da década de oitenta, sob o impacto da revolução neoliberal e da política de taxas de juro elevadas, conduzidas por Ronald Reagan e Margaret Thatcher.

Mas a própria taxa de crescimento da economia não é independente da despesa pública: no curto prazo, a existência de despesas públicas estáveis limita a magnitude das recessões («estabilizadores automáticos»); no longo prazo, os investimentos e as despesas públicas (educação, saúde, investigação, infra-estruturas...) estimulam o crescimento.

---

[3] Pierre Eugène Bérégovoy (1925-1993), primeiro--ministro francês entre 1992 e 1993. (*N. T.*)

É por isso falso afirmar que todo o défice público aumenta necessariamente a dívida pública, ou que qualquer redução do défice permite reduzir a dívida. Se a redução dos défices comprometer a actividade económica, a dívida aumentará ainda mais. Os comentadores liberais sublinham que alguns países (Canadá, Suécia, Israel) efectuaram ajustes brutais nas suas contas públicas nos anos noventa e conheceram, de imediato, um forte salto no crescimento. Mas isso só é possível se o ajustamento se aplicar a um país isolado, que adquire novamente competitividade face aos seus concorrentes. Evidentemente, os partidários do ajustamento estrutural europeu esquecem-se de que os países têm como principais clientes e concorrentes os outros países europeus, já que a União Europeia está globalmente pouco aberta ao exterior. Uma redução simultânea e maciça das despesas públicas, no conjunto dos países da União Europeia, apenas pode ter como consequência uma recessão agravada e, portanto, uma nova subida da dívida pública.

Para evitar que o reequilíbrio das finanças públicas provoque um desastre social e político, colocamos em debate duas medidas:

Medida n.º 10: Manter os níveis de protecção social e, inclusivamente, reforçá-los (subsídio de desemprego, habitação...);

Medida n.º 11: Aumentar o esforço orçamental em matéria de educação, de investigação e de investimento na reconversão ecológica e ambiental, tendo em vista estabelecer as condições de um crescimento sustentável, capaz de permitir uma forte descida do desemprego.

FALSA EVIDÊNCIA N.º 6

A DÍVIDA PÚBLICA TRANSFERE O CUSTO DOS NOSSOS EXCESSOS PARA OS NOSSOS NETOS

A AFIRMAÇÃO DE QUE a dívida pública constitui uma transferência de riqueza que prejudica as gerações futuras é outra afirmação falaciosa, que confunde economia doméstica com macroeconomia. A dívida pública é um mecanismo de transferência de riqueza, mas é-o sobretudo dos contribuintes comuns para os rentistas.

De facto, baseando-se na crença, raramente comprovada, de que a redução dos impostos estimula o crescimento e aumenta, posteriormente, as receitas públicas, os Estados europeus têm vindo a imitar os Estados Unidos desde 1980, adoptando uma política sistemática de redução da carga fiscal.

Multiplicaram-se as reduções de impostos e das contribuições para a segurança social (sobre os lucros das sociedades, sobre os rendimentos dos particulares mais favorecidos, sobre o património e sobre as cotizações patronais), mas o seu impacto no crescimento económico continua a ser muito incerto. As políticas fiscais anti-redistributivas agravaram, por sua vez, e de forma cumulativa, as desigualdades sociais e os défices públicos.

Estas políticas fiscais obrigaram as administrações públicas a endividar-se junto dos agregados familiares mais favorecidos e dos mercados financeiros, de modo a financiar os défices gerados. É o que se poderia chamar de «efeito *jackpot*»: com o dinheiro poupado nos seus impostos, os ricos puderam adquirir títulos (portadores de juros) da dívida pública, emitida para financiar os défices públicos provocados pelas reduções de impostos... O serviço da dívida pública em França representa 40 mil milhões de euros, quase tanto como as receitas do imposto sobre o rendimento. Mas esta jogada é ainda mais brilhante pelo facto de ter conseguido convencer a opinião pública de que os culpados da dívida pública eram os funcionários públicos, os reformados e os doentes.

O aumento da dívida pública na Europa ou nos Estados Unidos não é, portanto, o resultado de políticas keynesianas expansionistas ou de políticas sociais dispendiosas, mas sim o resultado de uma política que favorece as camadas sociais privilegiadas: as «despesas fiscais» (descida de impostos e de contribuições) aumentaram os rendimentos disponíveis daqueles que menos necessitam, daqueles que desse modo puderam aumentar ainda mais os seus investimentos, sobretudo em Títulos do Tesouro, remunerados em juros pelos impostos pagos por todos os contribuintes. Em suma, através da dívida pública estabeleceu-se um mecanismo de redistribuição invertido, das classes populares para as classes mais favorecidas, cuja contrapartida é sempre a renda privada.

Para corrigir de forma equitativa as finanças públicas na Europa e em França, colocamos à discussão duas medidas:

Medida n.º 12: Atribuir de novo um carácter fortemente redistributivo à fiscalidade directa sobre os rendimentos (supressão de benefícios e deduções fiscais, criação de novos escalões e aumento das taxas sobre os rendimentos...);

Medida n.º 13: Acabar com as isenções de que beneficiam as empresas que não tenham um efeito relevante sobre o emprego.

FALSA EVIDÊNCIA N.º 7

É PRECISO ASSEGURAR A ESTABILIDADE DOS MERCADOS FINANCEIROS PARA PODER FINANCIAR A DÍVIDA PÚBLICA

DEVE ANALISAR-SE, a nível mundial, a correlação existente entre a subida das dívidas públicas e a financeirização da economia. Nos últimos trinta anos, favoráveis à liberalização total da circulação de capitais, o sector financeiro aumentou consideravelmente a sua influência sobre a economia. As grandes empresas recorrem cada vez menos ao crédito bancário e cada vez mais aos mercados financeiros. Do mesmo modo, as famílias vêem uma parte cada vez maior das suas poupanças ser drenada para o mercado financeiro (como no caso das pensões), através de diversos produtos de investimento e, inclusivamente, em alguns países, através do financiamento da sua habitação (através do crédito hipotecário). Os gestores de carteiras que tentam diversificar os riscos procuram títulos públicos como complemento aos títulos privados. E encontram-nos facilmente nos mercados, em virtude de os governos terem levado a cabo políticas similares, que conduziram a um relançamento dos défices: taxas de juro elevadas, descida dos impostos sobre os altos rendimentos, incentivo maciço à poupança financeira das famílias para favorecer as pensões de reforma por capitalização, etc.

A nível europeu, a financeirização da dívida pública encontra-se inscrita nos tratados: com Maastricht, os Bancos Centrais ficaram proibidos de financiar directamente os Estados, que devem encontrar quem lhes conceda empréstimos nos mercados financeiros. Esta «repressão monetária» acompanha a «liberalização financeira» e gera exactamente o contrário das políticas adoptadas após a grave crise da década de trinta; políticas de «repressão financeira» (drásticas restrições à liberdade de movimento dos capitais) e de «liberalização monetária» (com o fim do regime do padrão-ouro). Trata-se de submeter os Estados, que se supõe serem por natureza despesistas, à disciplina dos mercados financeiros, que se supõe serem, por natureza, eficientes e omniscientes.

Como resultado desta escolha doutrinária, o Banco Central Europeu não tem poder para subscrever directamente a emissão de obrigações públicas dos Estados europeus. Privados da garantia de se poderem financiar junto do BCE, os países do Sul tornaram-se presas fáceis dos ataques especulativos. De facto, ainda que em nome de uma ortodoxia sem fissuras, o Banco Central Europeu – que sempre se recusou a fazê-lo – teve de comprar, desde há alguns meses a esta parte, obrigações de Estado à taxa de juro do mercado, de modo a acalmar as tensões nos mercados europeus de obrigações. Mas nada nos diz que isso seja suficiente, caso a crise da dívida se agrave e as taxas de juro de mercado disparem. Poderá então ser difícil manter esta ortodoxia monetária, que carece, manifestamente, de fundamentos científicos sérios.

Para resolver o problema da dívida pública, colocamos em debate duas medidas:

Medida n.º 14: Autorizar o Banco Central Europeu a financiar directamente os Estados (ou a impor aos bancos comerciais a subscrição de obrigações públicas emitidas), a um juro reduzido, aliviando desse modo o cerco que lhes é imposto pelos mercados financeiros;

Medida n.º 15: Caso seja necessário, reestruturar a dívida pública, limitando por exemplo o seu peso a determinado valor percentual do PIB e estabelecendo uma discriminação entre os credores segundo o volume de títulos que possuam: os grandes rentistas (particulares ou instituições) deverão aceitar uma alteração do perfil da dívida, incluindo anulações parciais ou totais. E é igualmente necessário voltar a negociar as exorbitantes taxas de juro dos títulos emitidos pelos países que entraram em dificuldades na sequência da crise.

FALSA EVIDÊNCIA N.º 8

A UNIÃO EUROPEIA DEFENDE O MODELO SOCIAL EUROPEU

A CONSTRUÇÃO EUROPEIA constitui uma experiência ambígua. Nela coexistem duas visões de Europa que não ousam enfrentar-se abertamente. Para os social-democratas, a Europa deveria dedicar-se a promover o modelo social europeu, fruto do compromisso obtido após a Segunda Guerra Mundial, com a protecção social, os serviços públicos e as políticas industriais que lhes estão associadas. A Europa deveria, nesses termos, ter constituir uma muralha defensiva perante a globalização liberal, uma forma de proteger, manter vivo e fazer progredir o modelo social europeu. A Europa deveria ter defendido uma visão específica sobre a organização da economia mundial e a regulação da globalização, através de organizações de governação mundial. Tal como deveria ter permitido aos seus países membros manter um elevado nível de despesas públicas e de redistribuição, protegendo a sua capacidade de as financiar através da harmonização da fiscalidade sobre as pessoas, as empresas e os rendimentos do capital.

A Europa, contudo, não quis assumir a sua especificidade. A visão hoje dominante em Bruxelas e no seio da maioria dos governos nacionais é – pelo contrário – a de uma Europa liberal, cujo objectivo está centrado em adaptar as sociedades europeias às exigências da globalização: a construção europeia constitui nestes termos a oportunidade de colocar em causa o modelo social europeu e de desregular a economia. A prevalência do direito da concorrência sobre as regulamentações nacionais e sobre os direitos sociais no Mercado Único permitiu introduzir mais concorrência nos mercados de bens e de serviços, diminuir a importância dos serviços públicos e apostar na concorrência entre os trabalhadores europeus. A concorrência social e fiscal permitiu reduzir os impostos, sobretudo os que incidem sobre os rendimentos do capital e das empresas (as «bases móveis») e exercer pressão sobre as despesas sociais. Os tratados garantem quatro liberdades fundamentais: a livre circulação de pessoas, mercadorias, serviços e capitais. Mas longe de se restringir ao mercado interno, a liberdade de circulação de capitais foi alargada aos investidores do mundo inteiro, submetendo assim o tecido produtivo europeu aos constrangimentos e imperativos da valorização dos capitais internacionais. A construção europeia configura-se deste modo como uma forma de impor aos povos as reformas neoliberais.

A organização da política macroeconómica (independência do BCE face às estruturas de decisão política, Pacto de Estabilidade) encontra-se marcada pela desconfiança relativamente aos governos democraticamente eleitos. Pretende privar completamente os países da sua autonomia, tanto em matéria de política monetária, como de política orçamental. O equilíbrio orçamental deve ser forçosamente atingido, banindo-se qualquer política deliberada de relançamento económico, pelo que apenas se pode participar no jogo da «estabilização automática». Ao nível da Zona Euro, não se admite nem se concebe nenhuma política conjuntural comum, como não se define qualquer objectivo partilhado em termos de crescimento ou de emprego. As diferenças quanto à situação em que se encontra cada país não são tidas em conta, pois o Pacto de Estabilidade não se comove nem com as taxas de inflação nem com os défices externos nacionais; os objectivos fixados para as finanças públicas não contemplam a especificidade da situação económica de cada país membro.

As instâncias europeias procuraram impulsionar reformas estruturais (através das Grandes Orientações de Política Económica – GOPE – do Método Aberto de Coordenação ou da Agenda de Lisboa), com um êxito muito desigual. Como o método de elaboração destas instâncias não é democrático nem mobilizador, a sua orientação liberal jamais poderia contemplar as políticas decididas no plano nacional, atendendo às relações de força existentes em cada país. Esta orientação não alcançou os sucessos incontestáveis que a teriam, de outro modo, legitimado. O movimento de liberalização económica foi posto em causa (fracasso da Directiva Bolkestein [4]); tendo alguns países procurado

---

[4] Tratava-se de uma directiva que tinha por objectivo liberalizar o sector dos serviços. (*N. T.*)

nacionalizar as suas políticas industriais, ao mesmo tempo que a maioria se opôs à europeização das suas políticas fiscais e sociais. A Europa Social continua a ser um conceito vazio de conteúdo, apenas se afirmando vigorosamente a Europa da Concorrência e a Europa da Finança.

Para que a Europa possa promover verdadeiramente o modelo social europeu, colocamos à discussão duas medidas:

Medida n.º 16: Pôr em causa a livre circulação de capitais e de mercadorias entre a União Europeia e o resto do mundo, renegociando se necessário os acordos multilaterais ou bilaterais actualmente em vigor;

Medida n.º 17: Substituir a política da concorrência por uma política de «harmonização e prosperidade», tomada como fio condutor da construção europeia, estabelecendo objectivos comuns, vinculativos tanto em matéria de progresso social como em matéria de políticas macroeconómicas (através de GOPS: Grandes Orientações de Política Social).

FALSA EVIDÊNCIA N.º 9

O EURO É UM ESCUDO DE PROTECÇÃO CONTRA A CRISE

O EURO DEVERIA TER FUNCIONADO como um factor de protecção contra a crise financeira mundial, uma vez que a supressão da incerteza quanto às taxas de câmbio entre as moedas europeias eliminou um factor relevante de instabilidade. Mas não é isso que tem sucedido: a Europa é afectada de uma forma mais dura e prolongada pela crise do que o resto do mundo devido a factores que radicam nas opções tomadas no processo de unificação monetária.

Após 1999, a Zona Euro registou um crescimento económico relativamente medíocre e um aumento das divergências entre os seus Estados--membros em termos de crescimento, inflação, desemprego e desequilíbrios externos. O quadro de política económica da Zona Euro, que tende a impor políticas macroeconómicas semelhantes a países com situações muito distintas, ampliou assim as disparidades de crescimento entre os Estados-membros. Na generalidade dos países, sobretudo nos maiores, a introdução do euro não suscitou a prometida aceleração do crescimento. Para outros, o euro trouxe crescimento, mas à custa de desequilíbrios dificilmente sustentáveis. A rigidez monetária e orçamental, reforçada pelo euro, concentrou todo o peso do ajustamento no trabalho, promovendo a flexibilidade e a austeridade salariais, reduzindo a componente dos salários no rendimento total e aumentando as desigualdades.

Esta corrida pela degradação social foi ganha pela Alemanha, que conseguiu gerar importantes excedentes comerciais à custa dos seus vizinhos e, sobretudo, dos seus próprios assalariados, impondo uma descida dos custos do trabalho e das prestações sociais que lhe conferiu uma vantagem comercial face aos outros Estados-membros, incapazes de tratar de forma igualmente violenta os seus trabalhadores. Os excedentes comerciais alemães limitaram, portanto, o crescimento de outros países. Os défices orçamentais e comerciais de uns não são senão a contrapartida dos excedentes de outros... O que significa que os Estados-membros não foram capazes de definir uma estratégia coordenada.

A Zona Euro deveria, de facto, ter sido menos afectada pela crise financeira do que os Estados Unidos e o Reino Unido, pois as famílias da Zona Euro estão nitidamente menos dependentes dos mercados financeiros, comparativamente menos sofisticados. Por outro lado, as finanças públicas encontravam-se em melhor situação; o défice público do conjunto dos países da Zona Euro era de 0,6% do PIB em 2007, contra os quase 3% dos EUA, do Reino Unido ou do Japão. Mas a Zona Euro padecia já então de um agravamento profundo dos desequilíbrios: os países do Norte (Alemanha, Áustria, Holanda, países escandinavos), comprimiam a massa salarial e a procura interna, acumulando excedentes externos, ao passo que os países do Sul e periféricos (Espanha, Grécia, Irlanda) revelavam um crescimento vigoroso, impulsionado pelas baixas taxas de juro (relativamente à taxa de crescimento), acumulando todavia défices externos.

A crise financeira começou, de facto, nos Estados Unidos, que trataram imediatamente de accionar uma política efectiva de relançamento orçamental e monetário, dando início a um movimento de restauração da regulação financeira. Mas a Europa, pelo contrário, não soube empenhar-se numa política suficientemente reactiva. De 2007 a 2010, o impulso orçamental ficou-se timidamente em cerca de 1,6% do PIB na Zona Euro, sendo de 3,2% no Reino Unido e de 4,2% nos EUA. As perdas na produção causadas pela crise foram nitidamente mais fortes na Zona Euro do que nos Estados Unidos. Na Zona Euro, a agudização dos défices precedeu qualquer política activa, comprometendo os seus resultados.

Simultaneamente, a Comissão Europeia continuou a aprovar procedimentos contra os países em défice excessivo, a ponto de – em meados de 2010 – praticamente todos os Estados-membros da Zona Euro estarem sujeitos a esses procedimentos. A Comissão obrigou então os Estados a regressarem, até 2013 e 2014, a valores percentuais de défice inferiores a 3%, independentemente da evolução económica que pudesse verificar-se. As instâncias europeias continuaram a exigir políticas salariais restritivas e a regressão sistemática dos sistemas públicos de reforma e de saúde, com o risco evidente de mergulhar o continente na depressão e de suscitar tensões entre os diferentes países. Esta ausência de coordenação e, fundamentalmente, de um verdadeiro orçamento europeu, capazes de suportar, em conjunto, uma solidariedade efectiva entre os Estados-membros, incitaram os agentes financeiros a afastar-se do euro, preferindo especular abertamente contra ele.

Para que o euro possa proteger realmente os cidadãos europeus da crise, colocamos três medidas em debate:

Medida n.º 18: Assegurar uma verdadeira coordenação das políticas macroeconómicas e uma redução concertada dos desequilíbrios comerciais entre os países europeus;

Medida n.º 19: Compensar os desequilíbrios da balança de pagamentos na Europa através de um Banco de Pagamentos (que organize os empréstimos entre países europeus);

Medida n.º 20: Se a crise do euro conduzir à sua desintegração, e enquanto se aguarda pelo surgimento de um orçamento europeu, instituir um regime monetário intra-europeu (com moeda comum do tipo «bancor» [5]), que seja capaz de reorganizar a absorção dos desequilíbrios entre balanças comerciais no seio da Europa.

---

[5] Proposto por John Maynard Keynes na década de quarenta, o bancor seria uma moeda usada exclusivamente nos pagamentos internacionais, ajudando a corrigir os desequilíbrios económicos externos. (*N. T.*)

FALSA EVIDÊNCIA N.º 10

A CRISE GREGA PERMITIU FINALMENTE AVANÇAR PARA UM GOVERNO ECONÓMICO E UMA VERDADEIRA SOLIDARIEDADE EUROPEIA

A PARTIR DE MEADOS DE 2009, os mercados financeiros começaram a especular com as dívidas dos países europeus. Globalmente, a forte subida das dívidas e dos défices públicos à escala mundial não provocou (pelo menos até agora) uma subida das taxas de juro de longo prazo: os operadores financeiros estimam que os bancos centrais manterão, por muito tempo, as taxas de juro reais a um nível próximo do zero, e que não existe um risco de inflação nem de incumprimento de pagamento por parte de um grande país. Mas os especuladores aperceberam-se das falhas de organização da Zona Euro. Enquanto os governantes de outros países desenvolvidos podem sempre financiar-se junto do seu Banco Central, os países da Zona Euro renunciaram a essa possibilidade, passando a depender totalmente dos mercados para financiar os seus défices. Num só golpe, a especulação financeira abateu-se sobre os países mais frágeis da Zona Euro: Grécia, Espanha e Irlanda.

As instâncias europeias e os governos demoraram a reagir, não querendo dar a ideia de que os países membros tinham direito a dispor de um apoio ilimitado dos seus parceiros, pretendendo ao mesmo tempo sancionar a Grécia, culpada por ter mascarado – com a ajuda da Goldman Sachs – a amplitude dos seus défices. Porém, em Maio de 2010, o BCE e os países membros foram forçados a criar com urgência um Fundo de Estabilização, capaz de indicar aos mercados que seria dado um apoio sem limites aos países ameaçados. Em contrapartida, estes deveriam anunciar programas de austeridade orçamental sem precedentes, que os condenam a um recuo da actividade económica no curto prazo e a um longo período de recessão. Sob pressão do FMI e da Comissão

Europeia, a Grécia foi forçada a privatizar os seus serviços públicos e a Espanha obrigada a flexibilizar o seu mercado de trabalho. E mesmo a França e a Alemanha, que não são vítimas do ataque especulativo, anunciaram medidas restritivas.

Globalmente, contudo, a oferta não é de nenhum modo excessiva na Europa. A situação das finanças públicas é melhor do que a dos Estados Unidos ou da Grã-Bretanha, deixando margens de manobra orçamental. É por isso necessário reabsorver os desequilíbrios de forma coordenada: os países excedentários do Norte e do centro da Europa devem encetar políticas expansionistas (com o aumento dos salários e das prestações sociais), tendo em vista compensar as políticas restritivas dos países do Sul. Globalmente, a política orçamental não deve ser restritiva na Zona Euro, tanto mais que a economia europeia não se aproxima do pleno emprego a uma velocidade satisfatória.

Mas, infelizmente, os defensores das políticas orçamentais automáticas e restritivas encontram-se hoje em posição reforçada na Europa. A crise grega fez esquecer as origens da crise financeira. Aqueles que aceitaram apoiar financeiramente os países do Sul querem impor, em contrapartida, um endurecimento do Pacto de Estabilidade. A Comissão e a Alemanha pretendem obrigar todos os países membros a inscrever o objectivo de equilíbrio orçamental nas suas constituições e colocar comissões de peritos independentes a vigiar as suas políticas orçamentais. A Comissão quer impor aos países uma longa cura de austeridade, para que se regresse a uma dívida pública inferior a 60% do PIB. Se existe algum avanço em matéria de governo económico europeu, é um avanço em direcção a um governo que, em vez de libertar os Estados do garrote da finança, pretende impor a austeridade e aprofundar as «reformas» estruturais, em detrimento das solidariedades sociais em cada país e entre os diversos países.

A crise oferece, de mão beijada, às elites financeiras e aos tecnocratas europeus, a tentação de pôr em prática a «estratégia do choque», tirando proveito da crise para radicalizar a agenda neoliberal. Mas esta política tem poucas hipóteses de sucesso, uma vez que:

- A diminuição das despesas públicas comprometerá o esforço necessário, à escala europeia, para assegurar despesas futuras (investigação, educação, prestações familiares), apoiando a manutenção da indústria europeia e investindo nos sectores do futuro (economia verde);

- A crise permitirá impor reduções drásticas nas despesas sociais, objectivo incansavelmente perseguido pelos paladinos do neoliberalismo, comprometendo perigosamente a coesão social, reduzindo a procura efectiva, forçando as famílias a poupar para as suas reformas e a sua saúde junto das instituições financeiras, responsáveis pela crise;

- Os governos e as instâncias europeias recusam-se a estruturar a harmonização fiscal, que permitiria um necessário aumento de impostos sobre o sector financeiro, sobre o património e sobre os altos rendimentos;

- Os países europeus terão de implementar, por um longo período, políticas orçamentais restritivas que vão afectar fortemente o crescimento. As receitas fiscais diminuirão e os saldos públicos não serão significativamente melhorados. Os rácios da dívida irão degradar-se e os mercados não ficarão tranquilos;

- Face à diversidade de culturas políticas e sociais, nem todos os países europeus se poderão ajustar à disciplina de ferro imposta pelo Tratado de Maastricht; nem se ajustarão ao seu reforço, que actualmente se prepara. O risco de activação de uma dinâmica generalizada de «cada um por si» é real.

Para avançar no sentido de um verdadeiro governo económico e de uma verdadeira solidariedade europeia, propomos para discussão duas medidas:

Medida n.º 21: Desenvolver uma verdadeira fiscalidade europeia (taxa de carbono, imposto sobre os lucros, etc.) e um verdadeiro orçamento europeu, que favoreçam a convergência das economias para uma maior equidade nas condições de acesso aos serviços públicos e serviços sociais nos diferentes Estados-membros, com base nas melhores experiências e modelos;

Medida n.º 22: Lançar um vasto plano europeu, financiado por subscrição pública a taxas de juro reduzidas mas com garantia, e/ou através da emissão monetária do BCE, tendo em vista encetar a reconversão ecológica da economia europeia.

CONCLUSÃO

DEBATER
A POLÍTICA ECONÓMICA,
TRAÇAR CAMINHOS PARA
REFUNDAR A UNIÃO EUROPEIA

A EUROPA FOI CONSTRUÍDA, durante três décadas, a partir de uma base tecnocrática que excluiu as populações do debate sobre a política económica. A doutrina neoliberal, que assenta na hipótese – hoje indefensável – da eficiência dos mercados financeiros deve ser abandonada. É necessário abrir o espaço das políticas possíveis e colocar em debate propostas alternativas e coerentes, capazes de limitar o poder financeiro e de preparar a harmonização, no quadro do progresso dos sistemas económicos e sociais europeus. Isto supõe a partilha mútua de importantes recursos orçamentais, obtidos através do desenvolvimento de uma fiscalidade europeia fortemente redistributiva. Também é necessário libertar os Estados do cerco dos mercados financeiros. Apenas deste modo o projecto de construção europeia poderá encontrar a legitimidade popular e democrática de que hoje carece.

Não é realista supor que os 27 países europeus decidam, ao mesmo tempo, encetar uma tamanha ruptura face ao método e aos objectivos da construção europeia. A Comunidade Económica Europeia (CEE) começou com seis países: do mesmo modo, a refundação da União Europeia passará inicialmente por um acordo entre alguns países que desejem explorar caminhos alternativos. À medida que se tornem evidentes as consequências desastrosas das políticas actualmente adoptadas, o debate sobre as alternativas crescerá por toda a Europa. As lutas sociais e as mudanças políticas surgirão a ritmos diferentes, consoante os países. Os governos nacionais tomarão decisões inovadoras. Os que assim o desejem deverão adoptar formas de cooperação reforçadas para tomar medidas audazes em matéria de regulação financeira, de política fiscal e de política social. Através de propostas concretas, estenderemos as mãos aos outros povos para que se juntem a este movimento.

É por isso que nos parece importante esboçar e debater, neste momento, as grandes linhas das políticas económicas alternativas, que tornarão possível esta refundação da construção europeia.

630 SIGNATÁRIOS DO MANIFESTO DOS ECONOMISTAS ATERRADOS

EM 24/09/2010

Gilbert Abraham-Frois, Jérôme Accardo, Daniel Adam, Audrey Aknin, Huguette Albernhe-Giordan, Gérard Alezard, Olivier Allain, Laurent Alt, Francisco Álvarez, Monique Allard, Bruno Amable, Wladimir Andreff, Eléonore Andrieu, Margarida Antunes, Jorge Arias, Joaquín Arriola, Angel Asensio, Philippe Askénazy, Michael Assous, Jean-Pierre Aubin, Corine Autant-Bernard, Christian Azaïs, Geneviève Azam, Olivier Aznar

Jacques Baillon, Franck Bailly, LucBaldacchino, Jean Ballay, Nicolas Bárdos-Féltoronyi, Emmanuel Barnac, Loraine Barra, Claire Barraud, Christian Barrère, Thomas Barreto, Jean-Louis Bars, Jean-Marc Bastardy, Marie-Luce Bastin, Philippe Batifoulier, Bruno Bauraind, Stéphane Baudement, François Beaujolin, Arnaud Beausoleil, Clément de Beauvoir, Alain Beitone, Michel Bellet, Carlo Benetti, Nicolas Bénies, Larry Bensimhon, Mathieu Béraud,

Karine Berger, Kévin Bernardi, Youssef Berrechid, Nathalie Berta, Pierre Berthaud, Diane Berthezène, Jacques Berthillier, Hugues Bertrand, Yves Besançon, Jean-Louis Besnard, Pierre Besses, Jean Bessière, Dominique Bessire, Christian Bessy, Pierre Bezbakh, Jacques Bigot, Gabriel Bissiriou, Séverine Blaise, Emmanuel Blanc, Jérôme Blanc, Danièle Blondel, Bernard Bobe, Frédéric Boccara, Paul Boccara, Jean-Joseph Boillot, Stéphane Bonnevault, Pierre-Marie Bosc, Yann Botella, Olivier Bouba-Olga, Sedira Boudjemaa, Jérôme Bourdieu, David Bourghelle, Lucile Bourquelot, Sylvie Bourrat, Sylvie Boussand, Jean-Marc Boussard, Marc Bousseyrol, Antoine Bouveret, Claudy Bouyon, Robert Boyer, Olivier Brette, Claude Briot, Olivier Brossard, Annemarie Bruggink, Guy Brun, Marie Brun, Rémi Brun, Mireille Bruyère, Pascal Buresi,

Guy Burgel, Beat Burgenmeier, Pablo Bustelo, Pierre Butler,

Michel Cabannes, Hugues Cadas, James Cadou, Louison Cahen-Fourot, Alain Caillé, Pierre-Emmanuel Calmels, Géraldine Capdeboscq, Michel Capron, Yann Carduner, Pierre Carle, Ronaldo Carneiro, Clément Carré, Jean Cartelier, Benjamin Cartron, Charles Casanova, Dominique Cau-Bareille, Franck Caussin, David Cayla, Clarisse Cazals, Odile Chagny, Jacques Chamboux, Danièle Charry, Clément Chanteloup, Sébastien Charles, Isabelle Charpentier, Bernard Chavance, Ilyes-Mounir Chebbouta, François Chesnais, Maxime Chodorge, Loïc Chuiton, Nathalie Chusseau, Helene Clément, Denis Clerc Sébastien Cogan, Denis Cogneau, Gabriel Colletis, Manuel Colomer, Henri Colomer, François Combarnous, Jean-Baptiste Combes,

Maxime Combes, Christian Comeliau, Olivier Compagnon, Pierre Concialdi, Jean-Marc Conseils, Albano Cordeiro, Laurent Cordonnier, Benjamin Coriat, Gérard Cornilleau, Charlotte Corre, Jacques Cossart, Jean Coudsi, Cécile Couharde, Jean-Marc Coursin, Thomas Coutrot, Sandrine Crouzet, Matthieu Crupel, Hélène Cussac,

Thomas Dallery, Evelyne Dablemont, Serge D. Agostino, Jocelyne Darnaud, Guillaume Daudin, David Bernardoni, Martin David-Brochen, Pascal Davoury, Jean-Louis Dayan, Hervé Defalvard, Arnaud de L. Épine, Louis de Mesnard, Elsa de Micheaux, Nicolas De Rosa, Alain de Toledo, Marie Delaplace, Bernard Delebecque, Ghislain Deleplace, Francesco Delfini, Patrick Delhaye, Claude Demange, Hervé Depecker, Benoit Deschodt, Michel Devoluy, Jean-Marc Di Trocchio, Elhadj Souley-

mane Diallo, Daniel Diatkine, Sylvie Diatkine, Pablo Diaz, Patrick Dieuaide, Yves Dimicoli, Claude Dis, Antoine d.Istria, Pierre Dockès, Jean-Paul Domin, Daniel Dos Santos, Giovanni Dosi, Christian Dreano, Marnix Dressen, Marc Drosdowsky, Bernard Drugman, Pierre Duharcourt, Bernard Dupont, Maryline Dupont-Dobrzynski, Annie Duprat, Christine Duprat, Camille Dupuy, Jean-Pierre Dupuy, Cédric Durand, Denis Durand, Guy Dutron, Nicolas Duval, Wlodzimierz Dymarski,

Christine Erhel, Roger Establet, Catherine Ettendorf, Anne-Lise Exertier, François Eymard-Duvernay, Arnaud Eymery-Degest, Philippe Eynaud,

Jean-Marie Falisse, Jean-Michel Faure, Olivier Faverau, Irène Favier, Sabine Ferrand-Nagel, Nicolas Feuga, Yann Fiévet, Marianne

MANIFESTO DOS ECONOMISTAS ATERRADOS

Fischman, David Flacher, François Flahault, Marc Fleurbaey, Jacques Floris, Jacques Fontanel, Jean Fontanieu, Marica Frangakis, Anne Fretel, Jacques Freyssinet,

Maryse Gadreau, Jean Gadrey, Gabriel Galand, Franck Galtier, Joaquim Ganachaud, Françoise Gans, Claude Garcia, Sandrine Garcia, José García, Jonathan Garcia-Prat, Denis Garnier, Pascal Garnier, Jack Gaudard, André Gauron, Jérôme Gautié, Claude Gautier, Marc George, Bernard Gerbier, Dominique Gerin, Marie-Luce Ghib, Ariane Ghirardello, Lucien Gillard, Jean-Pierre Gilly, Victor Ginsburgh, Gaël Giraud, Jean-Marie Giraud, Jean-Marie Gisclard, Sandye Gloria-Palermo, Claude Gnos, Tom Goldman, Yves Goudet, Sylvain Gouz, Jean-Joseph Goux, Alain Grandjean, Bertrand Groslambert, Pierre Grou, Jacqueline Guéguen,

Bernard Guibert, Cyriac Guillaumin, Hervé Guillaumot, Pierre Guyot-Sionnest, Philippe Guyonnet, Ozgur Gun, Emmanuelle Gurtner, Robert Guttmann, Chantal Guy,

Minh Ha-Duong, Georges Hamon, Hugo Harari-Kermadec, Jean-Marie Harribey, Malika Hattab-Christmann, Liem Hoang Ngoc, Henri Jacot, Joël Hellier, Joseph Henrotte, Eric Heyer, Ghislaine Hierso, Sandrine Higué, Christian Hoarau, André-Jacques Holbecq, Bernard Hollenstein, François Horn, Jean-Charles Hourcade, Isabelle Huault, Michel Husson, Maurizio Iacopetta, Herrade Igersheim, Anne Isla, Sophie Jallais, Yannick Jambez, Philippe Jégard, Bruno Jetin, Thomas Jobert, Michel Joguet, Arnaud Joskin, Guillaume Jules, Lucien Karpik, Jean-Yves Kerharo, Francis Kern, Jean-Charles Khalifa, Lyazid Kichou, Thierry Kirat, Marko Krzisnik

Agnès Labrousse, Géraldine Lacroix, Jean-Pierre Lacour, Christian Lagarde, Philippe Laget, Paul Lagneau-Ymonet, Jérôme Lallement, Annie Lamanthe, Thomas Lamarche, Philippe Lambin, Jean-Marie Laneyrie, Dany Lang, Henri Lanta, Roland Lantner, André Larceneux, Jean-François Largillière, Patrice Laroche, Isabelle Laudier, Alain Laurent, Catherine Laurent, Nicolas Laurent, Marc Lautier, Christophe Lavialle, Emmanuel Lazega, Jeremy Leaman, Yves Le Bon, Alain Le Diberder, Robert Leduff, Jean-Christophe Le Duigou, Richard Le Goff, Edwin Le Héron, Thomas Le Letty, Pascal Lemain, Pierre Le Masne, Yvette Le Meur, Maryline Lemoine, Antoine Leblois, Claude Leboeuf, Jean-Christophe Leboucher, Arnaud Lechevalier, Jeremy Lees, François Legendre, Pierre-Yves Legros, Arnaud Lemarchand, Emeric Lendjel, Jacques Lewkowicz,

Georgios Liagouras, Dominique Lidar, Etienne Longueville, Helena Lopes, Bruno Lorentz, Bertrand Lordon, Frédéric Lordon, Mireille Lust,

Gabriel Maissin, Denis Malabou, André Maltret, Sylvie Marchand, Luc Marco, Jean-Pierre Maréchal, Lucie Marignac, Jaime Marques Pereira, Bénédicte Martin, Pierrick Martin, Gustave Massiah, Antoine Math, Catherine Mathieu, Clotilde Mathieu, Michel Mathieu, Jérôme Maucourant, Salvatore Maugeri, Joël Maurice, Jacques Mazier, Jean-Marc Mazou, Matthieu Meaulle, Dominique Méda, Philippe Méhaut, Danièle Meulders, Fred Meyer, Frank Michel, Sandrine Michel, François Michon, Nicolas Miklós, Julien Milanesi, Catherine Mills, Miluz, Philippe Minard, Sébastien Minaux, Jean-Paul Moatti, Serge Monique, Jean-Marie Monnier,

Sabine Monnier, Alain Monod-Broca, Matthieu Montalban, Hélène Montagnac-Marie, Sabine Montagne, Etienne Montaigne, Virginie Monvoisin, Léna Moriceau, Alain Morin, François Morin, Marc Morin, Thierry Morin, Júlio Mota, Claude Mouchot, El Mouhoud Mouhoub, Laurent Mucchielli, Pierre-Alain Muet, Francis Munier, Stéphane Mussard, Tatiana Muxart,

Mahmoud Nabi, Alexandra Narezo, Martino Nieddu, Jacques Nikonoff, Henry Noguès, Stéphane Nourry, Jules Nyssen, Benoît Odille, Bertrand Ogilvie, Joël Oosterlinck, André Orléan, Fabienne Orsi, Jean-Luc Outin,

Jean-Pierre Page, Dominique Pallez, Christian Palloix, Dominique Panchèvre, Bernard Paranque, Claude Paraponaris, Arnaud Parienty, Eric Paturel, Françoise Pecoup, Elise Penalva, Coralie Perez, Roland Perez, Corinne Perraudin, Nicolas Perso, Héloïse Petit, Pascal Petit, Camille Peyrache, Lionel Pezat, Jérôme Philippe, Henri Philipson, Luc Piché, Jean-Jacques Piette, Nicolas Piluso, Alain Piveteau, Dominique Plihon, Vincent Plouvier, Alain Polet, Alain Policar, Paulette Pommier, Nicolas Pons-Vignon, Alain Portron, Sophie Ponthieux, Nicolas Postel, Thierry Pouch, René Poulaillon, Alexandra Poulain, Geneviève Prady, Isabelle Praneuf, Georges Prat, Franco Praussellon, Olivier Prêtre, Bertrand Prévost, Viviane Prévost, Nicolas Prokovas, Jean-Pierre Prosper, Lionel Prouteau, Emmanuelle Puissant, Philippe Quirion,

Michel Rainelli, Kunibert Rafer, Marc Raffinot, Christian Ramajo, Christophe Ramaux, Gilles Raveaud, Anne Reimat, Dominique Redor, Cécile Renouard, Françoise

Renverse, Bernard Reverdy, Valérie Revest, Bénédicte Reynaud, Simon Richard, Arsène Rieber, Nicolas Rieucau, Jacques Rigaudiat, Maurice Rivron, Michel Rocca, Jean-Yves Rochoux, Michel Rogalski, Thierry Rogel, Patrick Roger, Philippe Rollet, Arnaud Romain, Daniel Rome, Claude Ronez, Jacques Rosselin, Sergio Rossi, Gilles Rotillon, François Roubaud, Juliette Rouchier, Jocelyne Rouesne, Marianne Rubinstein, Emmanuel Ruze,

Patrick Saint-Pierre, Alix de Saint-Vaulry, Pierre Salama, Catherine Samary, Alain Sand, Jacques Sapir, Claude Sauton, Catherine Sauviat, Damien Sauze, Corinne Schaffner, Christian Schmidt, Laurence Scialom, Francisco Serranito, David Semel, Nadège Sene, Jean-François Sengkouvanh, André Serra, Evelyne Severin, Chingiz Shamshiev, Alain-Yves Sieuzac, Nuno Silva, Richard

Sobel, Stefano Solari, Estelle Sommeiller, Marie-Louise Soula, Henri Sterdyniak, Antonella Stirati, Alfredo Suarez, Aleksander Sulejewicz, Mickael Sylvain,

Yamina Tadjeddine, Redouane Taouil, Gérard Tasso, Jacques Techfut, Patrick Ternaux, Stella Terrat, Cédric Terrier, Pascal Terrier, Renaud Du Tertre, Spyros Théodorou, Bruno Théret, Dominique Thévenot, Laurent Thévenot, Nadine Thévenot, Christophe Thiébaud, Philippe Thiémonge, Louis-Marie Tinthoin, Loïc Thomas, Bernard Thoquenne, Alex Tihange, Xavier Timbeau, Bruno Tinel, Isabelle Tissier, Jacques Toledano, Janus Tomidajewicz, Philippe Tonolo, Richard Topol, Hélène Tordjman, Ramon Tortajada, Emmanuel Tournier, Stéphane Trani, Julien Tricard, Aurélie Trouvé, Jérôme Turcas, Christian Tutin, Rémi Uzan,

Julie Valentin, Thomas Vallée, Ludovic Van der Eecken, Till van Treeck, Franck Vandevelde, Nicolas Vaneecloo, Julien Vauday, Bruno Ventelou, Carlo Vercellone, Corinne Vercher, Alban Verchère, Julien Vercueil, Éric Verdier, Jean-Claude Vergnaud, Michel Vernières, Jean-Marc Véron, Robert Vieillard, Pierre Villa, Pascal Villaret, Martine Vimeney, Krystyna Vinaver, Francis Vinkler, Annie Vinokur, Michel Volle,

Loic Wacquant, Serge Walery, Christopher Warner, Olivier Weinstein, Sandrine Wenglenski, Nicolas Werquin, Felix Weygand, Bernard Wolfer, Robert Wuthrick, Patrick Zahnd, Philippe Zarifian, Michaël Zemmour, Alexis Zimmer, Jean-Benoit Zimmermann.

ÍNDICE

Prefácio
PARA LÁ DA ECONOMIA AUSTERITÁRIA **5**

INTRODUÇÃO **19**

Falsa evidência n.º 1:
OS MERCADOS FINANCEIROS SÃO EFICIENTES **25**

Falsa evidência n.º 2:
OS MERCADOS FINANCEIROS FAVORECEM O CRESCIMENTO
    ECONÓMICO **33**

Falsa evidência n.º 3:
OS MERCADOS SÃO BONS JUÍZES DO GRAU DE SOLVÊNCIA
    DOS ESTADOS **37**

Falsa evidência n.º 4:
A SUBIDA ESPECTACULAR DAS DÍVIDAS PÚBLICAS É O
    RESULTADO DE UM EXCESSO DE DESPESAS **41**

Falsa evidência n.º 5:
É PRECISO REDUZIR AS DESPESAS PARA DIMINUIR A DÍVIDA
    PÚBLICA **45**

Falsa evidência n.º 6:
A DÍVIDA PÚBLICA TRANSFERE O CUSTO DOS NOSSOS
EXCESSOS PARA OS NOSSOS NETOS **49**

Falsa evidência n.º 7:
É PRECISO ASSEGURAR A ESTABILIDADE DOS MERCADOS
FINANCEIROS PARA PODER FINANCIAR A DÍVIDA
PÚBLICA **53**

Falsa evidência n.º 8:
A UNIÃO EUROPEIA DEFENDE O MODELO SOCIAL EUROPEU **57**

Falsa evidência n.º 9:
O EURO É UM ESCUDO DE PROTECÇÃO CONTRA A CRISE **63**

Falsa evidência n.º 10:
A CRISE GREGA PERMITIU FINALMENTE AVANÇAR PARA
UM GOVERNO ECONÓMICO E UMA VERDADEIRA
SOLIDARIEDADE EUROPEIA **69**

Conclusão
DEBATER A POLÍTICA ECONÓMICA, TRAÇAR CAMINHOS
PARA REFUNDAR A UNIÃO EUROPEIA **75**

630 SIGNATÁRIOS DO MANIFESTO DOS ECONOMISTAS
ATERRADOS **79**